*Die eierlegende Wollmilchsau*

**Erfolgreich bewerben und vorstellen**

**Dietmar Prudix
Oliver Prüfer**

**Die eierlegende Wollmilchsau**

Wege zu Selbstverantwortung
und Authentizität
bei der Arbeitsplatzsuche

Auf den Punkt gebracht: Band 1

Alle Rechte bei den Autoren
Herstellung: Books on Demand GmbH, Norderstedt
ISBN 3-8311-4224-6

# Inhalt

| | |
|---|---|
| Vorwort | 7 |
| 1. Einleitung | 9 |
| 2. Hintergründe menschlichen Handelns | 14 |
| 3. Ein beliebter Irrweg | 18 |
| 4. Die persönliche Ist-Analyse | 20 |
| 5. Neutrale Testverfahren | 26 |
| 6. Die persönliche Zieldefinition | 36 |
| 7. Kontaktmöglichkeiten zu potentiellen Arbeitgebern | 39 |
| 8. Die Aufgabe eines Stellengesuches | 43 |
| 9. Die Auswahl und Bewertung eines Stellenangebotes | 45 |
| 10. Die schriftliche Bewerbung | 47 |
| 11. Die Initiativbewerbung | 59 |
| 12. Die Online-Bewerbung | 60 |
| 13. Zwischen Bewerbung und Vorstellung | 61 |
| 14. Die Vorbereitung auf einen vereinbarten Vorstellungstermin | 63 |
| 15. Das Vorstellungsgespräch | 66 |
| 16. Zu guter Letzt | 76 |

# Vorwort

Die eierlegende Wollmilchsau lebt – in den Köpfen der Job-Entscheider in den Unternehmen und in den Köpfen von arbeitsplatzsuchenden Bewerbern.

Wie sieht sie aus, die eierlegende Wollmilchsau? Schauen wir auf die gängigen Anforderungsprofile bei Stellenanzeigen. Von Job-Bewerbern wird vielfach gefordert: Ausbildung, Studium, hochwertige Praktikumstätigkeiten, mehrjährige Berufserfahrung, beruflich veranlaßte Auslandsaufenthalte (wenn schon kein zusätzliches Auslandsstudium), zwei Fremdsprachen fließend (besser drei), fundierte EDV-Kenntnisse (in der Nähe der Fähigkeiten eines Informatikers), persönliche und soziale Kompetenz, Belastbarkeit bis zum Umfallen (den inneren Schweinehund überwinden) und grenzenlose Motivation (Tschaka, tschaka, wo sind die heißen Kohlen?). Gewünschtes Höchstalter bei Eintritt in die Firma? 26.

Wer hat da noch Lust, sich zu bewerben? Sie? Doch statt die Flinte ins Korn zu werfen, sollten Sie lieber das Ziel neu ins Auge fassen. Denn: Worum geht es bei einer Bewerbung? Darum, unrealistische Erwartungshaltungen der Job-Entscheider durch geschicktes Manipulieren der eigenen Person und durch entwürdigende Falschaussagen im Vorstellungsgespräch pro forma zu erfüllen, um dann einen Job zu machen, von dem Sie nicht einmal wissen, ob er Ihnen gefällt und ob Sie ihn auch zu Ihrer und zur Zufriedenheit der Firma bewältigen können?

Es ist Ihr Leben, und Sie sollten beruflich (und privat) das tun, was Sie am besten können und was Sie am meisten wollen. So einfach ist das. Wie geht das? Selbstverantwortung und Authentizität. Schluß mit der Schauspielerei und dem Vorgaukeln falscher Tatsachen. Was bringt das? Zugang zu eigenen Wünschen und Fähigkeiten. Wie wirkt das auf andere? Selbstverantwortlich und authentisch. Was bringt das? Erfolg bei der Bewerbung und im Vorstellungsgespräch (und auch im Privatleben). Was für Beweise gibt es dafür? Keine, aber hunderte von erfolgreichen Beispielen: Probieren Sie es aus – es wirkt.

Bis dahin ist allerdings noch etwas Zeit. Nutzen Sie sie und lesen Sie dieses Buch, damit Sie erfahren, welche Schritte Sie auf dem erfolgreichen Weg zum nächsten Job-Ziel gehen können.

Viel Erfolg wünschen Ihnen

**Dietmar Prudix und Oliver Prüfer**

September 2002

*„Nicht das, was Du nicht weißt,
bringt Dich in Schwierigkeiten;
das, was Du von Grund auf kennst,
ist nicht so, wie Du denkst.*

(Mark Twain)

# 1. Einleitung

Die Bewerbung beginnt nicht erst mit dem Bewerbungsschreiben. Vor der ersten Aussendung einer Bewerbungsunterlage bzw. einer Kontaktaufnahme zu einem potentiellen Arbeitgeber sollte eine grundlegende **Analyse der eigenen Person** und **der persönlichen und beruflichen Ziele** stehen.

Nur so vermeiden Sie eine Vielzahl unnützer, zeitaufwendiger Bewerbungen ohne Erfolg, die letztlich in persönlicher Frustration enden. Gehen Sie planvoll vor, deshalb ist das sorgfältige **Erarbeiten des eigenen Konzeptes** besonders wichtig für Ihre aussichtsreiche Bewerbungsstrategie. Als Ergebnis muß dabei herauskommen, dass Sie eine Anstellung in einem Tätigkeitsbereich finden, der weitgehend Ihren Wünschen entspricht und in dem Sie sich wohl fühlen.

Im Wort „bewerben" steckt das Wort „**werben**", das heißt sich sehr gut und attraktiv, aber trotzdem authentisch zu verkaufen. Mit anderen Worten: Ihre Vorgehensweise und Ihre Bewerbungsunterlagen müssen so gut sein, dass, wenn Sie selbst der kritische Stellenanbieter wären, Sie sich selbst mit einem guten Gefühl einstellen würden. Diese **spiegelbildliche Betrachtung** hilft in vielen Lebenslagen, so auch beim Bewerbungs-Procedere - von den Unterlagen bis zum Vorstellungsgespräch.

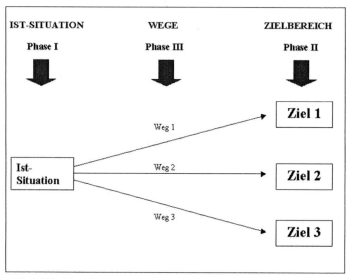

Abb. 1: Die Grundsituation in der Bewerbungsphase

Es geht zunächst also darum, dass Sie erkennen, was Sie heute als **Persönlichkeit** ausmacht, auf welchen **beruflichen und privaten Erfahrungen** Sie aufbauen und über welche **Stärken** und **Kompetenzen** Sie verfügen. Erst wenn Sie wissen, wo Sie herkommen, wissen Sie, wo Sie sind. (Phase I)

Danach geht es darum, sich zu erarbeiten, welches **Ziel** Sie anstreben. Wenn Sie nicht wissen, wo sie hin wollen, brauchen Sie gar nicht erst loszugehen. Entscheidend ist hier das Wort **wollen**. Damit ist gemeint, dass Sie Ihr Ziel mit Elan, Begeisterung und Entschlossenheit angehen **wollen**, weil Sie davon überzeugt sind, dass es **für**

**Sie** (nicht für Ihren Partner, Ihre Freunde, Bekannten, Eltern etc.) das Richtige ist. Ein Ziel zu verfolgen, hinter dem Sie selbst nicht stehen, das Sie nicht wirklich wollen, ist wie die ungewollte (aber zähneknirschend durchgeführte) Erledigung einer Aufgabe, die Ihr Chef Ihnen gegeben hat und die Sie **eigentlich** für **sinnlos** halten. Sie **ist** dann auch sinnlos, weil Sie **für Sie keinen Sinn** hat (Phase II)

Wenn das Ziel klar gewollt und **definiert** ist, ergibt sich daraus fast automatisch der **Weg**, damit dieses Ziel so schnell und effizient wie möglich erreicht wird. Der Weg ist zwar das Ziel, aber ohne Ziel ist der Weg ein zielloses Umherirren. (Phase III)

Sie erreichen Ihr Ziel umso schneller, je eher Sie bereit sind, die **Verantwortung für sich und Ihr Ziel** zu übernehmen.

*„Für ein Schiff, das seinen Hafen nicht kennt, weht kein Wind günstig."*

(Seneca)

Sie haben übrigens im Leben immer die **Wahl**. Sie wählen nämlich sowieso immer, auch wenn Sie scheinbar nicht wählen. In Ihrem Erleben wählt dann vielleicht jemand anderes für Sie. Aber mal im Ernst: Niemand kann Ihr Leben leben, ihre Gedanken denken, ihre Schritte gehen, für Sie „Ja" oder „Nein" sagen, oder? Wer wählt denn dann, wenn nicht Sie? Wenn Sie nicht **bewußt Stellung beziehen** und für sich wählen, was sie wollen und was nicht, dann gestalten Sie sich und Ihr Leben nicht mehr selbst, sondern werden gestaltet.

Dann bekommen Sie auch nur selten berufliche Aufgaben, die zu Ihnen passen. Sie bekommen dann viel häufiger das, was ein anderer Ihnen gibt – zu seinem Nutzen. Mehr ist dann für Sie nicht drin.

Machen Sie Schluss damit! Seien Sie für sich **selbst verantwortlich**. Hören Sie auf zu glauben, dass andere über die Qualität Ihres Lebens und über Ihren beruflichen Erfolg bestimmen können!

*„Tun Sie einfach so,
als wenn es um Ihr Leben ginge."*

Bei allem, was Sie machen, seien Sie Sie selbst. Verstellen Sie sich nicht, schauspielern Sie nicht, bleiben bzw. werden Sie **authentisch**. Alles andere würden Menschen Ihnen sowieso anmerken. Wieso? Weil wir uns nur scheinbar erfolgreich verstellen können. Hinter dem, was wir vorgeben zu sein, scheint immer auch eine andere Seite hindurch. Das, was wir als **ungelebte Wünsche** in uns tragen und das, was wir ums Verrekken nicht von uns preisgeben und deshalb verbergen wollen. Beides wirkt jedoch immer mit, färbt jedes Verhalten von uns ein, so dass im Erleben eines Gegenübers Zwischentöne entstehen. Unverständnis und Misstrauen sind dann häufig die Folge. „Mach mir doch nichts vor, in Wirklichkeit willst Du doch...", könnte die Reaktion des Gegenübers sein. Ein hilfreicher Hinweis, den wir nicht deswegen vorschnell abschmettern sollten, nur weil diese Erkenntnis schmerzt. Solche Reaktionen sind wertvoll. Sie geben uns Hinweise auf Entwicklungsmöglichkeiten, auf konkrete Bereiche in unserem Leben, wo wir zu Selbstverantwortung und Authentizität gelangen können.

Aus diesem Grund ist es so erlösend, wenn Sie sich bewußt machen, was diese anderen Seiten in Ihnen sind. Was deutet sich da bereits an, was liegt quasi noch mehr oder weniger im **Schatten Ihrer Persönlichkeit?** Was ist immer auch vorhanden und will erhellt, will gelebt, will konkret in Ihr Leben integriert werden? Ein **riesiger Schatz an Potenzialen** liegt da begraben und will gehoben werden, so dass wir immer freier und handlungsfähiger werden.

*„Handle stets so, dass sich die Zahl Deiner Handlungsmöglichkeiten erweitert."*

(Heinz von Foerster)

# 2. Hintergründe menschlichen Handelns

Menschliches Handeln hat also immer Hintergründe, Motive. Häufig solche, die uns selbst nicht bewußt sind. Beispiel: Irgendwo in einem deutschen Großunternehmen. Montag, 9 Uhr, Mitarbeiterbesprechung:

---

*„Nein, Herr Kaluschat, die Aufgabe konnte ich wirklich letzte Woche nicht mehr erledigen. Ich weiß, dass morgen der Termin beim Vorstand ist. Aber die Zeit war einfach zu knapp, außerdem warte ich immer noch auf die Zahlen von Frau Hermanns. Sie wissen doch, dass ohne diese Zahlen gar nichts läuft. Sie wollte sie mir am letzten Montag geben, aber bis heute ist nichts passiert. Ich weiß wirklich nicht, wann sie endlich damit rüberkommt. Sie sehen, es war mir objektiv nicht möglich, die Präsentation vorzubereiten. Tut mir echt leid."*

---

Wissen Sie was? Das erscheint uns weder authentisch noch eigenverantwortlich. Es ist aus unserer Sicht einfach eine Unverschämtheit. Was motiviert diesen Mitarbeiter, sich in dieser Breite darüber auszulassen, warum er seine Aufgabe nicht erledigt hat? Wieviel Energie wird hier investiert, um sich zu rechtfertigen? Was sind die Hintergründe seines Handelns, was liegt im Schatten seiner Persönlichkeit? Wir wissen es nicht, weil wir ihn nicht kennen und jetzt auch nicht befragen können, wir können nur erahnen, worum es bei diesem Mitarbeiter eher geht:

„Nein, Herr Kaluschat, ich habe meine Aufgabe letzte Woche nicht mehr erledigt. Ich weiß, dass morgen der Termin beim Vorstand ist. Ich habe letzte Woche vergeblich auf die Zahlen von Frau Hermanns gewartet, die sie mir bereits am Montag geben wollte. Ich habe mich jedoch die ganze Woche davor gedrückt, bei ihr nachzuhaken, obwohl ich weiß, dass ohne diese Zahlen gar nichts läuft. Ich bin total unzufrieden und finde diese Arbeit eigentlich lästig und sinnlos, und außerdem verdiene ich viel zu wenig, als dass ich mir den Arsch für Sie und diese Scheiß-Firma aufreißen würde. Deswegen ist bis heute nichts mehr in dieser Richtung passiert. Ich hätte die Präsentation also schon vorbereitet haben können. Ehrlich gesagt tut es mir aber gar nicht leid, dass bislang noch nichts passiert ist, weil Sie ja derjenige sind, der das jetzt ausbaden muß."

Wissen Sie was? Diese zweite Äußerung, wenn sie denn so geäußert werden würde, gefällt uns viel besser als die erste. Warum? Sie ist wenigstens authentisch, wenn auch die Einstellung zur Arbeit und das Arbeitsergebnis genauso erschütternd sind wie im ersten Beispiel. Was ist die Lösung für diesen Mitarbeiter? Das Unternehmen zu verlassen? Vielleicht. Selbst wieder für sich Motivation zu finden und sich dabei von seinem Chef helfen zu lassen? Auch denkbar. Was wird er machen? Keine Ahnung – aber er hat die Wahl, wie immer.

Er kann zum Beispiel damit aufhören, andere Menschen - hier Frau Hermanns - als Schuldige für sein eigenes **unverantwortliches Verhalten** zu mißbrauchen. Warum tut er das überhaupt? Was sind die Hintergründe seines Handelns? Er gibt Frau Hermanns die Schuld, um die mehr oder weniger deutlich gefühlte **eigene Schuld** loszuwerden und sich auf diese Weise vor der **Verantwortung für die konkrete Aufgabe und damit auch für das eigene Leben** zu drücken. Es ist keine Schande, unmotiviert zu sein und nicht zu wissen, was man will. Es kommt auch häufig vor, dass andere Menschen ihren Teil an der Lösung der Aufgabe nicht beitragen, wie hier Frau Hermanns, was es dann erfordert, dass wir uns mit ihnen respektvoll, klar und authentisch **auseinandersetzen**, ihnen bewußt machen, dass wir dadurch in Schwierigkeiten kommen.

Es geht dann darum, **irgendwie einen Weg zu finden**, die Zahlen zu bekommen. Es gibt immer ganz verschiedene Möglichkeiten. Wir haben immer die Wahl. Am besten ist, wenn wir **Verbindung schaffen** und mit Frau Herrmanns sprechen. Frau Hermanns könnte durch das Gepräch auf einmal verstehen, welche Konsequenzen ihr nachlässiges Verhalten auch für andere Menschen hat und nun ihre Aufgabe beschämt, aber verantwortungsvoll erledigen. Es könnte auch herauskommen, dass Frau Hermanns krank ist und gar nicht in die Firma kommen kann. In diesem Fall ist es vielleicht möglich, das jemand anders die Zahlen zusammenstellt. Möglich wäre auch, dass der Prozess der Zahlenbeschaffung noch von anderen Umständen abhängt. Vielleicht wartet Frau Hermanns selbst noch auf wichtige Informationen. Es ist also unbedingt erforderlich, dass ich mit ihr ins Gespräch komme, sonst lebe ich nur meine Vorurteile und erzähle dann in der Kantine meinem Kollegen. *„Weißt du was, die Hermanns ist eine echte Schnecke, seit Tagen warte ich auf Informationen, aber nichts passiert. Während ich gestern bis 18 Uhr bleiben mußte, war die sicher schon um 16 Uhr auf dem Golfplatz."*

Wenn ich aber nur **meine ungeprüften Vorurteile** lebe, Frau Hermanns vorschnell die Schuld gebe und nichts unternehme, dann passiert auch nichts. Wenn ich aber

**mein Ziel wirklich bejahe**, dann leitet es mein Handeln. Dann bin ich quasi **gehorsam** – dem Ziel gegenüber. Wenn das Ziel wirklich gewollt ist, dann findet sich ein Weg. Zugegeben: Manchmal nervt der Aufwand und es wäre so schön, wenn alles im Leben glatt liefe. Aber: Die Verantwortung für unser Leben abzugeben und keine eigenen Ziele zu verfolgen, höhlt uns von innen aus, läßt uns abstumpfen und unzufrieden werden. Trotzdem neigen wir allzu oft dazu, letztlich keine Verantwortung zu übernehmen, wenn wir meinen, einen Schuldigen für nicht eingetretene Entwicklungen gefunden zu haben. Es ist aber respektlos, ja sogar unverschämt, andere Menschen für diese eigene Unzulänglichkeit verantwortlich zu machen.

*„Du selbst musst der Wandel sein,
den die Welt vollziehen soll."*

(Mahatma Ghandi)

# 3. Ein beliebter Irrweg

Eine andere merkwürdige, aber ebenso typische Situation: Da treffen sich zwei Menschen, ein Bewerber und ein Interviewer, und scheinbar geht es darum, dass besprochen wird, ob und wenn ja wie man beruflich zusammenkommt. Also wie man **Verbindung** schafft.

Wenn wir uns Auswahlverfahren und -gespräche anschauen, dann beobachten wir häufig folgende Beziehungsstrukturen und Motive der Beteiligten:

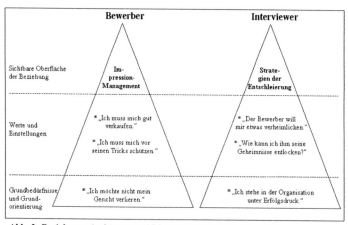

Abb. 2: Beziehungsstrukturen und Motive im Bewerbungsgespräch

Diese klischeehafte Darstellung zeigt, welche Erwartungen bei den jeweiligen Gesprächspartnern herrschen. Der eine, der Bewerber, legt sich aufs Heftigste ins Zeug, um einen guten Eindruck zu machen, um mehr zu scheinen als er ist, um den tatsächlichen oder vermuteten Anforderungen des Interviewers zu genügen. Der Interviewer wiederum, der als Optimum eine **eierlegende Wollmilchsau** einstellen will und entsprechende Anforderungen in der Anzeige formuliert hat, geht grundsätzlich davon aus, dass der Bewerber sich aufs Heftigste ins Zeug legt, um einen guten Eindruck zu machen und um mehr zu scheinen als er ist.

Aus diesem Grund wendet der Interviewer Strategien der Entschleierung an, um Beweise für sein **Misstrauen** zu finden. Es erscheint so, dass von Beginn an alles auf **Trennung** angelegt ist und die einzelnen Partner eher **gegeneinander als miteinander** arbeiten. Ertappt der Interviewer einen Bewerber beim Schauspielern, fühlt er sich in seinem Misstrauen bestätigt und bohrt weiter. Der Bewerber spürt, dass er jetzt – nachdem er bereits ertappt wurde - an Ansehen verloren hat und legt sich noch mehr ins Zeug, um verlorenes Terrain wieder gut zu machen – und macht sich selbst immer mehr zur eierlegenden Wollmilchsau, die er ja gar nicht ist.

Durchbrechen Sie diesen **Teufelskreis**, diesen beliebten Irrweg, seien Sie offen und schaffen Sie bewußt **Nähe und Verbindlichkeit**, wo und wie immer es geht. Erst wenn es gelingt, **Gemeinsamkeiten** deutlich zu machen und eine **vertrauensvolle Beziehung** herzustellen, wird der Erfolg bei der Bewerbung eintreten.

# 4. Die persönliche Ist-Analyse

Ein jeder Mensch verfügt über unterschiedliche **berufliche und außerberufliche Erfahrungen** und über ein bestimmtes **Wissen** von sich und der Welt. Persönliche **Eigenschaften, Potenziale** und **Fähigkeiten**, die im bisherigen Leben Ausdruck gefunden haben, können aufgrund dieser Erfahrungen und dieses Wissens für eine **persönliche Ist-Analyse** genutzt werden. Diese ist jedoch, wenn man sie für sich selbst vornimmt, immer durch einen selbst gefärbt. Wir haben ja nur unsere persönliche Sicht und können nicht wirklich mit den Augen anderer und aus der Perspektive anderer Menschen sehen. Wir können uns immer nur **vorstellen**, wie andere etwas sehen **könnten**, wir können aber nie wirklich **wissen**, wie andere uns einschätzen.

Daher geht es darum, sich immer der Subjektivität der eigenen Sicht bewußt zu sein und trotzdem zu einer möglichst realistischen Selbsteinschätzung **(Selbstbild)** zu gelangen. Beurteilen Sie sich also selbst im Hinblick auf Ihre beruflichen Erfahrungen und fachlichen Fähigkeiten. Wann immer Sie können, nutzen Sie darüber hinaus ein **Fremdbild**, um es mit ihrem Selbstbild zu vergleichen. Manchmal ist man völlig überrascht, wenn man bemerkt, dass man sich selbst ganz anders sieht als andere Menschen einen sehen.

**Berufliche Erfahrungen** haben Sie gemacht in der Lehre, in Praktikumstätigkeiten, in der ausgeübten Berufstätigkeit. Vergessen Sie nicht Stellvertreteraufgaben und Funktionen mit Führungsverantwortung, auch außerhalb des Berufes. Nennenswerte ehrenamtliche

Tätigkeiten in Vereinen, Verbänden, Parteien und sonstigen Organisationen geben Aufschluß über vorhandene und im Beruf einsetzbare Qualifikationen. Lassen Sie nichts Wesentliches weg bzw. arbeiten Sie jene Merkmale heraus, die Sie von anderen Menschen aus ihrer Sicht unterscheiden und ihre persönlichen Qualitäten im Bereich der beruflichen Erfahrungen ausmachen. Beschreiben Sie auch Ihre Erfolge und warum diese gerade durch Sie zustande kamen.

**Fachliche Fähigkeiten** können identifizierbar werden durch ein Sich-Bewußtmachen von Schwerpunkten der Ausbildung, des Studiums, des Diplomarbeitsthemas, durch ein Sich-Vergegenwärtigen von beruflich relevanten Fähigkeiten, die Sie schon benötigt und eingesetzt haben. Darüber hinaus sind Weiterbildungsveranstaltungen und Seminare zu berücksichtigen, an denen Sie teilgenommen haben. Denken Sie auch an Sprachkenntnisse, PC-Wissen etc.

In einem nächsten Schritt beurteilen Sie Ihre **persönlichen Eigenschaften** in Bezug **auf Leistungs- und soziale Merkmale**, die Sie einer Bewertung unterziehen sollten:

| **Leistungsmerkmale** | **Soziale Merkmale** |
|---|---|
| Analytisches Denken | Kommunikationsfähigkeit |
| Auffassungsgabe | Kontaktfreude |
| Belastbarkeit | Toleranz |
| Durchsetzungsvermögen | Teamfähigkeit |
| Entscheidungsfreude | Kompromissbereitschaft |
| Zielstrebigkeit | Äußeres Erscheinungsbild |
| Vernetztes Denken | Freundlichkeit |
| Führungspotential | Ausgeglichenheit |

| | |
|---|---|
| Kreativität | Begeisterungsfähigkeit |
| Selbstständiges Arbeiten | Motivationsfähigkeit |
| Selbstvertrauen | Fairness |
| Karrierebewusstsein | Aufgeschlossenheit |
| Verantwortungsbewusstsein | Überzeugungsfähigkeit |
| Eigeninitiative | Integrationsvermögen |
| Unternehmerisches Denken | Fähigkeit zuzuhören |
| Organisationsfähigkeit | Idealismus |
| Gesundheit | Empathie |

Wenn Sie sich bei der Einschätzung unsicher sind, lassen Sie Ihre persönlichen Eigenschaften von anderen beurteilen, z.B. von Freunden oder durch **neutrale Tests** (siehe nächstes Kapitel).

Die persönliche Ist-Analyse schließen Sie damit ab, indem Sie sich auf mögliche **persönliche Einschränkungen** hin überprüfen, die häufig durch das familiäre Umfeld verursacht werden. Solche Restriktionen können sich beziehen auf regionale, nationale bzw. internationale Mobilität, Reisebereitschaft (Fahrtstrecken, Häufigkeit, Flugangst), Risikofreude (unsicherer Arbeitsplatz, hoher variabler Einkommensanteil), Leistungs- und Lernbereitschaft sowie einsetzbarer Zeitaufwand (möglicher 10-Std.-Tag / Wochenendarbeit / Schichtarbeit / Teilzeitarbeit).

Mit einer solchen gründlichen persönlichen Ist-Analyse (beruflich relevante Erfahrungen, Fähigkeiten, persönliche Eigenschaften, persönliche Einschränkungen) schaffen Sie **Transparenz über Ihr Fundament**, auf dem Sie stehen. Sie können mit dieser Kenntnis Ihre beruflichen Möglichkeiten besser einschätzen, **fehlendes Fachwissen** ergänzen und **Argumentationsstrategien für die Bewerbung** erarbeiten. Sie werden Ihre zukünftigen Arbeitgeber im Vorfeld kritischer und gezielter betrachten, weil Sie nun besser wissen, was für ein Arbeits-Platz zu Ihnen passt, wo Sie ihre **Fähigkeiten gut und gerne einsetzen** wollen. Sie können nun aufgrund der höheren **Selbstbewußtheit** auch Ihre Bewerbungsunterlagen aussagefähiger gestalten, weil Sie nun mehr über sich wissen.

*„Bevor ich tun kann, was ich denke,*
*muß ich denken können, was ich tue."*

(Prof. Dr. Horst Tiwald)

In einem nächsten Schritt geht es nun darum, dass Sie alles, was sie gefunden haben, für sich **bewerten**. Bewerten meint einerseits die **denkende Unterscheidung** positiv/negativ und andererseits die **fühlende Unterscheidung** angenehm/unangenehm. Das heißt, die Aufgabe anzunehmen, für sich selbst denkend **und** fühlend einzuschätzen, wie wertvoll bestimmte Erfahrungen und Fähigkeiten für Sie waren und in Zukunft sein sollen. Dabei kann Ihnen zunächst folgende Frage helfen:

Fragen Sie sich, welches Ihre stärksten Fähigkeiten sind:

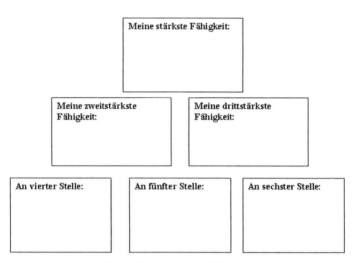

Abb 3: Meine stärksten Fähigkeiten in der richtigen Reihenfolge

Finden Sie Ihre Fähigkeiten heraus, indem Sie zunächst eine einfache Bestandsaufnahme der positiven, also Ihrer stärksten Fähigkeiten vornehmen. Im zweiten Schritt erstellen Sie dann eine **Prioritätenliste** und benennen Ihre sechs stärksten Fähigkeiten.

Sammeln Sie nun so viele Antworten wie möglich zu den sieben folgenden Fragen. Die Fragen beziehen sich auf Ihre **gefühlsmäßige Beurteilung Ihrer Stärken**, auf Ihre **Einstellungen** und **Werte**. So werden Möglichkeiten sichtbar, die sich Ihnen zur Verwirklichung Ihrer beruflichen Ziele eröffnen.

1. Wann fühle ich mich im Beruf ganz glücklich? Welche Dinge, Ereignisse oder Tätigkeiten vermitteln mir das Gefühl, dass es sich wirklich lohnt, diesen Beruf auszuüben?

2. Was beherrsche ich wirklich gut? Welche Fähigkeiten habe ich bis zu einer gewissen Vervollkommnung mit Freude ausgebildet? Was tue ich für meine eigene berufliche Entfaltung?

3. Was muß ich in meiner gegenwärtigen Situation lernen, um meine Vorstellungen und Ansprüche zu verwirklichen?

4. Welche Wünsche sollte ich jetzt in Pläne umsetzen? Gibt es Träume, die ich früher als unrealistisch abgetan habe, aber eigentlich wieder aufgreifen sollte?

5. Welche unterentwickelten oder falsch angewandten Mittel und Möglichkeiten habe ich (Talente, Verbindungen usw.)?

6. Womit sollte ich jetzt gleich anfangen?

7. Womit sollte ich jetzt gleich aufhören?

*„Wenn Du liebst, was Du tust,*
*wirst Du nie mehr in Deinem Leben arbeiten."*

(Konfuzius)

# 5. Neutrale Testverfahren

Neutrale Testverfahren sind **interessant** und **anregend** (manchmal auch **aufregend**) und können Ihnen bei der **Selbst-Erkenntnis** im Hinblick auf eine persönliche Ist-Analyse helfen. Nutzen Sie diese Möglichkeit. Auch Unternehmen setzen verstärkt Tests ein, um zielgerichtet und weniger willkürlich Stellen zu besetzen. Hier herrscht ein deutlicher Trend zur vielseitigen Verwendung von unterschiedlichen diagnostischen Testverfahren. Wenn Sie sich schon gleich damit beschäftigen, kann Sie später nichts mehr überraschen.

Aber nicht alle Testverfahren halten, was sie versprechen. Achten Sie darauf, dass die eingesetzten Verfahren

- nicht der Beurteilungs-Willkür des Test-Autors entspringen,
- sich in der Praxis über Jahre hinweg bewährt haben,
- wissenschaftlich anerkannt sind und über eine Ihnen sinnvoll erscheinende Theorie im Hintergrund verfügen,
- von einer testerfahrenen Person, idealerweise einem entsprechend vorgebildeten Psychologen oder einer Psychologin durchgeführt, ausgewertet und mit Ihnen besprochen werden.

Solche Verfahren werden im übrigen auch eingesetzt, um im Rahmen der Leistungs- und Potenzialbeurteilung Mitarbeiter besser kennenzulernen bzw. an besser geeigneter Stelle im Unternehmen einzusetzen. Typische Instrumente einer umfassenden Mitarbeiter-Beurteilung sind standardisierte Interviews, Assessement Center, Arbeits- und Projektproben.

Alle Verfahren haben Vor- und Nachteile und sind zunächst natürlich Wahrnehmungsfehlern, Beurteilerfehlern und Bewertungsfehlern ausgesetzt. Deswegen sind Tests als alleinige Quelle, Informationen über die eigenen Persönlichkeitsstruktur herauszufinden, nicht leistungsfähig genug. Aber als unterstützende Instrumente sind sie unbedingt sinnvoll. Von besonderer Bedeutung bei allen Verfahren ist daher immer der Abgleich von **Selbstbild** und **Fremdbild.**

Am besten lässt sich diese Überlegung am Johari-Fenster darstellen, wo es um den **blinden Fleck** in der Selbstwahrnehmung geht:.

**Der blinde Fleck in der Selbstwahrnehmung**

| Verhaltensbereiche / Anderen Personen... | Der Person selbst... | |
|---|---|---|
| | bekannt | unbekannt |
| bekannt | Öffentliche Person | „Blinder Fleck" |
| unbekannt | Privatperson | Unbekanntes |

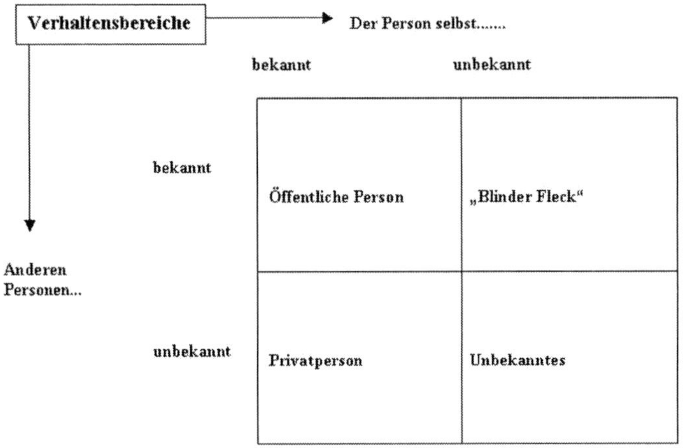

Abb. 4: Johari-Fenster

Eine hohe Prognosesicherheit in bezug auf zukünftig relevante Eigenschaften und Merkmale der eigenen Person ist nur durch das parallele Durchführen, Berücksichtigen und Abgleichen von:

- Selbstbild
- Fremdbild
- Ergebnissen von Test-Verfahren

gewährleistet.

Ein paar Gedanken zu **Selbstbild** und **Fremdbild**. Grundsätzlich gilt: Das Selbstbild nimmt unmittelbar Einfluss auf das eigene Verhalten. Wie hängen Selbstbild und Fremdbild zusammen?

| | |
|---|---|
| **1. Vergleiche mit anderen** | Das Bedürfnis, Fähigkeiten und Meinungen mit denen anderer Menschen zu vergleichen, z.B. „Rennlisten" im Verkauf |
| **2. Selektive Erinnerung** | Informationen über die eigene Person werden im allgemeinen differenzierter, besser und präziser erinnert als Infos, die sich auf andere Menschen beziehen. |
| **3. Bevorzugung bestimmter Erklärungsmöglichkeiten** | Bei der Bewertung des eigenen Verhaltens werden |

eher positive Aspekte herangezogen. Erfolge werden auf eigene Kompetenzen zurückgeführt, bei Misserfolgen sind eher die Umstände oder andere Menschen schuld.

**4. Rückmeldung durch andere Personen**

Die eigene Aussenwirkung ist um so sicherer, je offener und differenzierter die Rückmeldung anderer Personen ist.

Wenn Sie sich diese vier Punkte anschauen, werden Sie unmittelbar einsehen können, dass das Selbstbild etwas ist, was **biografisch** wächst, also etwas mit **dem eigenen Gewordensein** zu tun hat, was von den **Einwirkungen der Umwelt** abhängt, was immer mit den eigenen **Erfahrungen** verwachsen ist und damit im höchsten Maße subjektiv geprägt ist. Daher werden gute Testverfahren – als Einschätzungshilfe - immer beliebter.

Testverfahren erfreuen sich in den Unternehmen auch deswegen zunehmend größerer Beliebtheit, weil insgeheim die Hoffnung wirkt, durch Tests schnelle fundierte Einblicke vor allem in die persönlichen Voraussetzungen von Menschen zu bekommen und daraus sichere Rückschlüsse im Hinblick auf eine berufliche Eignung ziehen zu können. Wir sind der Auffassung, dass Tests mit vielen anderen nützlichen Instrumenten der Eignungsdiagnostik kombiniert werden müssen, um zu einem realistischen Bild einer Persönlichkeit zu gelangen.

Es existieren im einzelnen zahlreiche wissenschaftlich anerkannte und in der Praxis bewährte Testverfahren, die sinnvoll unterstützend zum Selbst- und Fremdbild eingesetzt werden können. Auch die Auswahl von wissenschaftlich anerkannten Tests ist jedoch stark von der Persönlichkeit des Test-Nutzers abhängig. Wir verwenden zur Zeit gerne und mit einem guten Gefühl hinsichtlich der **Seriosität**, des **Aufforderungscharakters**, der **Handhabung** und der **Aussagekraft** eine Mischung aus Tests, die unterschiedliche, sich harmonisch ergänzende Ziele verfolgen. Es handelt sich um das BIP (Bochumer Inventar zur berufsbezogenen Persönlichkeitsbeschreibung), den auf C.G. Jung basierenden MBTI (Myers-Briggs-Typen-Indikator) und den HDI-Test (Herrmann Dominanz Instrument).

## BIP

Ein vielfach in der Praxis bewährtes Testverfahren ist das BIP (*Bochumer Inventar zur berufsbezogenen Persönlichkeitsbeschreibung*). Das BIP betrachtet **persönliche Eignungsvoraussetzungen** mit den Dimensionen „Berufliche Orientierung", „Arbeitsverhalten", „Soziale Kompetenzen" und „Psychische Konstitution", die sich neben der fachlichen Qualifikation als bedeutsam erwiesen haben. Hier wird unmittelbar ersichtlich, dass die Testkonstrukteure eine konsequente **Verbindung von beruflichen und persönlichen Qualifikationen** für wesentlich erachten, um ein Gespür dafür zu bekommen, für welche Tätigkeiten und Aufgaben ein Mensch prädestiniert ist. Denn: In vielen Unternehmen setzt sich immer mehr die Einsicht durch, dass neben der fachlichen Qualifikation eines Mitarbeiters bzw. einer

Mitarbeiterin die individuellen Persönlichkeitszüge entscheidende Aspekte sind, die bei der Personalauswahl, der Platzierung und auch in Fragen der Weiterbildung von zentraler Bedeutung sind. Die Persönlichkeit eines Mitarbeiters sollte zum größten Teil zu den Anforderungen der beruflichen Aufgabe passen. Das ist sowohl für den Mitarbeiter als auch für das Unternehmen von großem Interesse.

Die Ergebnisse des BIP-Fragebogens werden in einem grafischen Profil zusammengefaßt. Diese Ausprägung – das ist eine Stärke des BIP, der ständig durch Wissenschaftler der Ruhr-Universität in Bochum gepflegt und weiterentwickelt wird – wird wiederum in Beziehung gesetzt zum Durchschnitt der jeweils relevanten Vergleichsgruppe. Somit wird die Ausprägung einer Eigenschaft stets vor diesem Hintergrund interpretiert. Beispielsweise wäre es denkbar, dass bei einer Führungskraft die Leistungsmotivation relativ zu anderen Führungskräften recht niedrig ausgeprägt ist, im Vergleich zur Gesamtbevölkerung jedoch sehr hoch. Solch ein differenziertes Vorgehen unterscheidet ein Testinstrument wie das BIP von unseriösen Tests, bei denen der Testautor persönlich darüber entscheidet, ab welcher Punktzahl eine Eigenschaft als hoch, mittel oder niedrig ausgeprägt eingestuft wird. Das BIP hat sich zum Ziel gesetzt, die menschliche Persönlichkeit konzentriert in denjenigen Facetten abzubilden, die für das Berufsleben von entscheidender Relevanz sind.

## MBTI

Der MBTI, der *Myers-Briggs-Typenindikator*, ist ein wissenschaftlich anerkanntes Testverfahren, das auf der psychologischen Typenlehre des Schweizer Arztes und Psychoanalytikers C. G. Jung basiert.

Jung war der Auffassung, dass jeder Mensch seine Umwelt in einer ganz bestimmten individuellen Art und Weise wahrnimmt und ebenso individuell auf dieser Basis Entscheidungen trifft. Wenn man dieser Prämisse zustimmt, dann kann man das Verhalten anderer Menschen nur nachvollziehen, wenn man versucht zu verstehen, auf welche spezifische Art und Weise sie **wahrnehmen** und **urteilen**. In bezug auf einen selbst ist es nach Jung das Ziel, im Leben die ureigenen Präferenzen zu fördern und zu entwickeln. Persönliche Reife ist nach Jung die Fähigkeit, immer effektiver mit den eigenen Präferenzen umgehen zu können und – dies als wesentliche Erkenntnis für den zwischenmenschlichen Umgang, zum Beispiel in der Kommunikation – die Präferenzen der anderen Menschen nicht mehr als Bedrohung zu erleben.

Der MBTI, der von Katharine Briggs und ihrer Tochter Isabel Myers in Anlehnung an die Jungschen Theorien entwickelt und 1962 zum ersten Mal gemeinsam mit dem Handbuch veröffentlicht wurde, hat sich zum Ziel gesetzt, mit Hilfe eines Fragebogens die individuellen **Persönlichkeitspräferenzen** eines Menschen zu erkennen, um sich ein genaueres Bild vom Einstellungstypus (Extraversion oder Introversion) und den Präferenzen für Wahrnehmung (sinnliches Wahrnehmen oder intuitives Wahrnehmen) und Beurteilung (analytisches Beurteilen oder gefühlsmäßiges Beurteilen) machen zu können.

Jeder gesunde Mensch verfügt innerhalb seiner biologischen Ausrüstung über alle genannten psychischen Einstellungen und Funktionen. Das individuelle Mischungsverhältnis und die jeweilige Stärke der Präferenzen machen jedoch die Persönlichkeitsunterschiede aus und bergen die große Chance, eigene Potenziale und Eignungen in bezug auf verschiedenste berufliche Anforderungen zu erkennen und einzuschätzen.

Der MBTI wurde bereits in 27 Sprachen übersetzt und ist eines der weltweit am häufigsten eingesetzten Instrumente zur Persönlichkeitsbetrachtung. Allein in den USA wird der MBTI jedes Jahr rund 3,5 Millionen Mal eingesetzt, vorwiegend in Unternehmen.

Hier einige Auszüge typischen Verhaltens auf der Basis unterschiedlicher Präferenzen

**S-Typen:** möchten eine Lösung, die funktioniert.
**N-Typen:** möchten Möglichkeiten sehen, die Aussicht auf Wachstum und Verbesserungen bieten.
**T-Typen:** möchten eine Leistung, die Systematik hat.
**F-Typen:** möchten eine Lösung, die menschlich ist.

## HDI

HDI steht für Herrmann Dominanz Instrument und ist eine vom Amerikaner Ned Herrmann entwickelte Methode, individuell **unterschiedliche Denk- und Verhaltensweisen** sichtbar und vergleichbar zu machen. Die Entwicklung dieses Instrumentes basiert auf Untersuchungen über die **menschliche Kreativität**, die Herrmann in Beziehung setzte zu wegweisenden **wissenschaftlichen Erkenntnissen aus dem Bereich der Gehirnforschung**, vor allem durch die Arbeiten von Paul Broca, Paul MacLean und dem Nobelpreisträger Roger Sperry.

Die Untersuchungen dieser Wissenschaftler führten zu der Erkenntnis, dass die beiden Hemisphären des Gehirns trotz symmetrischer Anlage unterschiedliche Schwerpunkte in bezug auf ihre Funktionen ausüben.

Der linken Hemisphäre wurde daraufhin weitgehend sequentielles Arbeiten, wie es für logisch-analytisches Denken typisch ist, zugeordnet. In der rechten Hemisphäre wurde schwerpunktmäßig die Arbeit mit Bildern, Mustern und nonverbalen Ideen angesiedelt. Sie stellt somit eher den intuitiven, visionären Teil des Gehirns dar. Jeder Mensch wiederum verfügt, abhängig von erblicher Anlage und der Summe und Qualität der gemachten Erfahrungen in seinem bisherigen Leben, über eine **einzigartige Struktur**, die wiederum die **Basis für seine Leistungsvoraussetzungen** darstellt.

Der HDI-Test umfasst einen Fragebogen, dessen Auswertung in ein persönliches HDI-Profil mündet und stellt eine Analogie zu der einzigartigen Struktur der individuellen Dominanzen innerhalb der beiden Hemisphären her. Er zeigt damit in **wertfreier und anschaulicher Form** Tendenzen von Denk- und Verhaltensstilen auf. Dadurch wird es möglich, über typische Verhaltensweisen von Menschen ins Gespräch zu kommen, eigene und fremde Potenziale zu erkennen und im Hinblick auf die Lösung von Aufgaben und die Zusammensetzung von Teams wertvolle Anregungen zu bekommen.

Besonders hoch ist beim HDI die Zahl der Normgrössen von weltweit ca. 300 000. Der HDI-Test wird seit vielen Jahren erfolgreich von zahlreichen lizenzierten Trainern in Deutschland eingesetzt, unter ihnen beispielsweise der führende Zeitmanagement-Experte Prof. Dr. Lothar J. Seiwert.

*„Die Schwierigkeit besteht nicht so sehr darin, neue Ideen zu entwickeln, sondern den alten zu entkommen."*
(John Maynard Keynes)

Folgendes Schema veranschaulicht eine der Grundideen des HDI. Der HDI-Test gibt hier wertvolle Hinweise in bezug auf persönliche Ausprägungen und zeigt sehr schön auf, wie die Beschaffenheit unserer Hirndominanz auch beeinflußt, für was wir uns interessieren, welche Präferenzen sich daraus ergeben und wie dies Auswirkungen auf die persönliche Motivation und die persönlichen Kompetenzen hat.

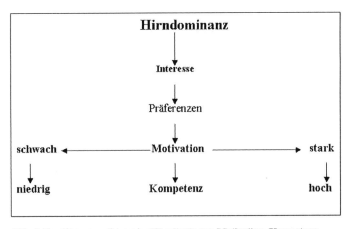

Abb. 5: Der Zusammenhang von Hirndominanz, Motivation, Kompetenz

# 6. Die persönliche Zieldefinition

Jeder Mensch setzt sich **Ziele**, sowohl im privaten wie im beruflichen Bereich. Diese müssen mit der persönlichen Ist-Situation in Einklang gebracht werden. Daher muss die berufliche Zielsetzung unter Beachtung der eigenen Persönlichkeit, der Ausbildung und des Fachwissens sowie möglicher Einschränkungen für einen Zeitraum von mindestens 3 Jahren realistisch sein. Die Kernfrage lautet: Welche wesentlichen Merkmale muss mein zukünftiges Beschäftigungsverhältnis aufweisen, um **optimale Leistung und Zufriedenheit** zu gewährleisten?

Legen Sie zunächst **unternehmensspezifische Kriterien** wie Privatwirtschaft/Öffentlicher Dienst, Branche, Unternehmensgröße, nationales oder internationales Umfeld fest.

Beschreiben Sie dann **das gewünschte Aufgabenspektrum** inkl. Perspektiven, z.B. Linien- oder Stabsfunktion, Verantwortungsrahmen, beratende oder operative Tätigkeit, Karrieremöglichkeiten.

Nun bestimmen Sie die für Sie **wichtigen Rahmenbedingungen**. Das sind Unternehmensstruktur, Gehaltserwartung inkl. Zusatzleistung, Arbeitsplatzsicherheit, Arbeitsmethodik (individualistisch, teamorientiert), Weiterbildungsmöglichkeiten, Zeitumfang der Tätigkeit, Reisehäufigkeit.

*„Phantasie ist wichtiger als Wissen."*

(Albert Einstein)

Je genauer Sie Ihre beruflichen Ziele benennen, desto leichter fällt Ihnen die Auswahl der Stellenangebote. Folgende Fragen können helfen:

1　In welchem Fachgebiet will ich arbeiten?

2　Welche Tätigkeiten kommen für mich in Frage?

3　In welcher Branche möchte ich tätig werden?

4　Welche Region kommt für mich in Frage?

5　Welche Wege will ich nutzen, um mein Erfolgsprogramm umzusetzen?

6　Wie will ich mich glaubhaft darstellen?

Wenn Sie sich diese Fragen beantwortet haben, gehen Sie nochmals bewußt die folgenden fünf Schritte durch:

---

1. Schritt

Wie lauten meine Lieblingsthemen oder Interessen?

---

2. Schritt

Auf welches Tätigkeitsfeld verweisen meine Interessengebiete

3. Schritt

Welche Funktion in diesem Feld mag ich besonders?

4. Schritt
Welcher Beruf gäbe mir die Möglichkeit, diese Funktion in diesem Feld auszuüben – und damit meine bevorzugten Fähigkeiten mit meinen grössten Interessen zu verknüpfen?

5. Schritt
Wie heißen die Organisationen beziehungsweise Unternehmen, die Menschen mit solchen Berufen einstellen und die mit meinen persönlichen Wertvorstellungen übereinstimmen?

# 7. Kontaktmöglichkeiten zu potentiellen Arbeitgebern

Viele **Wege**, vielleicht mehr als Sie denken, führen hin **zu interessanten Stellenangeboten**. Die vorhandenen Möglichkeiten müssen Sie gezielt für sich nutzen. Nachfolgende Aufstellung von Informationsquellen und Kontaktmöglichkeiten soll Transparenz schaffen und Hilfestellung für Ihr Vorgehen geben.

**A. Printmedien**

- Stellenangebote in bundesweiten Zeitungen (Frankfurter Allgemeine Zeitung, Die Welt, Welt am Sonntag, Handelsblatt, VDI-Nachrichten, Süddeutsche Zeitung, Die Zeit)
- Stellenangebote großer regionaler Zeitungen (Berliner Zeitung, Hamburger Abendblatt, Hannoversche Allgemeine, Westdeutsche Allgemeine Zeitung, Rheinische Post)
- Stellenangebote in Fachzeitschriften (Computerzeitungen, Branchenzeitschriften)
- Stellenangebote in Verbandszeitschriften (VDI-Nachrichten)
- Stellenangebote in Recruitment-Publikationen und Ratgebern (Karriereführer, Staufenbiel-Bücher, Gabler)
- Stellenangebote in Vorlesungsverzeichnissen
- Stellenangebote in Firmenbroschüren und Magazinen für Nachwuchskräfte (Junge Karriere, Hochschulanzeiger)

- Aushänge an Hochschulen
- Stellenangebote in Absolventenjahrbüchern

**B. Direkte Ansprache**

- Hochschulmessen (regional / überregional)
- Recruitmentveranstaltungen
- Fachmessen
- Kongresse
- Firmenpräsentationen
- Unternehmensbesichtigungen
- Seminare / Workshops
- Praktika
- Diplomarbeiten-Börsen
- Verbände
- Freunde / Bekannte

**C. Bundesanstalt für Arbeit**

- Regionale Arbeitsämter
- ZAV, Managementvermittlung in Bonn

**D. Personalberater und Arbeitsvermittler**

Beide haben, sofern seriös, meist beste Kontakte zu ihren Kunden. Entsprechend werden Sie informiert und auf ein mögliches Bewerbungsgespräch vorbereitet.

**E. Jobbörsen im Internet**

Hier finden Sie einige Internet-Adressen für aktive Jobsucher (Stand: Mitte 2002). In diesem Markt werden sich neue Angebote schnell entwickeln oder ändern. Unternehmen präsentieren sich über das Internet, dadurch erhalten Sie wichtige Informationen, auch über Stellenangebote. Auch Personalberater bedienen sich dieses Mediums. Probieren Sie einfach aus und finden Sie selbst neue Adressen.

Dieses ist eine erste Auswahl, teilen Sie uns Ihre Erfahrungen damit mit und nennen Sie uns weitere gute Angebote. Anschrift und Email-Adresse finden Sie am Ende des Buches.

| | |
|---|---|
| www.advojob.de | Datenbank für Juristen |
| www.agrijob.de | Datenbank für Agrar, Ernährung, Umwelt |
| www.akademiker.de | Jobs, Praktika, Diplomarbeiten |
| www.animateure.de | Reiseleiter, Animateure, Gästebetreuer |
| www.arbeitsamt.de | grösste aktuelle Börse |
| www.assekuranz-stellenmarkt.de | Versicherungen |
| www.bankjob.de | Stellenbörse Bankgewerbe |
| www.berufsstart.de | Stellen, Praktika, Termine |
| www.berufswelt.de | Stellenmarkt der WELT |
| www.chemiekarriere.de | Chemieberufe, Jobbörse |
| www.consultants.de | Personalberater |
| www.dkm-service.de | Stellenmarkt für Kirche und Caritas |
| www.entos.de | Projekte für Berater, Trainer |
| www.evita.de/jobworld | Suchmaschine |
| www.focus.de | Suchmaschine |
| www.freiberufler.de | Freiberufler, hauptsächlich IT-Bereich |
| www.gulp.de | Freiberufler, Projektmanager |
| www.hogrefe.de | Psychologie |
| www.hotel-career.de | Hotelgewerbe |
| www.industrie-job.de | Ingenieure, Techniker |
| www.job24.de | gute Suchfunktionen |

| | |
|---|---|
| www.jobpilot.de | große Datenbank |
| www.jobrobot.de | Suchmaschine |
| www.jobs.de | große Börse mit Jobagent |
| www.jobversum.de | Übersicht über Annoncen aus 10 Tageszeitungen |
| www.monster.de | Weltweit grösstes Angebot |
| www.oneworld-jobs.org | Entwicklungshilfe |
| www.stellenanzeigen.de | große Jobbörse |
| www.stellenmarkt.de | sehr große Jobbörse |
| www.stepstone.de | über 110.000 Angebote |
| www.wiwo.de | große und aktuelle Suchmaschine |

# 8. Die Aufgabe eines Stellengesuches

In Ihrer persönlichen Bewerbungsstrategie sollten Sie auch Ihr **persönliches Angebot** an den als attraktiv und passend eingeschätzten Arbeitgeber in Form eines Stellengesuches in Betracht ziehen. So können Sie in vielen der oben genannten Printmedien Ihr eigenes Stellengesuch unter Chiffre schalten (Kosten je nach Grösse zwischen 50 und 200 Euro. Gleiches gilt auch für die elektronischen Medien wie Jobbörsen im Internet. Außerdem können Sie Ihr Profil in Absolventenjahrbüchern veröffentlichen.

Auch ein **Stellengesuch** muss **Interesse** wecken, d.h. schon die Überschrift muss aussagekräftig sein - den Studienabschluss Dipl.-Ingenieur oder Dipl.-Kaufmann als Überschrift zu verwenden, ist nichtssagend. Nennen Sie lieber Ihre berufliche Zielsetzung z.B. Produktmanager, Marktforscher, Leiter Controlling etc.

Weiterhin sollte Ihr Stellengesuch unbedingt enthalten: Ausbildung mit Schwerpunkten, Alter, Praxis- bzw. Berufserfahrung, Sprach- und EDV-Kenntnisse, vorhandene Mobilität, Branchenwünsche, Eintrittstermin.

Den Erfolg eines Stellengesuches kann man schlecht abschätzen. Sie sind darauf angewiesen,
dass ein für Sie interessanter Arbeitgeber Ihr Gesuch liest und sich über Chiffre oder per
Email (bei Internetjobbörsen) an Sie wendet.

Darüber hinaus werten viele Personalberater und Arbeitsvermittler wöchentlich die Stellengesuche aus und werden ebenfalls bei Bedarf zu Ihnen Kontakt aufnehmen. Hier gibt es jedoch vielfach dubiose Angebote zu beobachten. Prüfen Sie jedes Angebot im Hinblick auf Seriosität, seien Sie wachsam, fragen Sie auch Freunde und Bekannte, was sie davon halten.

Es liegt jedoch letztlich allein an Ihnen, mit wem Sie Kontakt aufnehmen. Handeln Sie auch hier selbstverantwortlich. Gehen Sie **verschiedene Wege** und warten Sie nicht darauf, dass Ihnen etwas ohne eigenes Engagement zufliegt.

# 9. Die Auswahl und Bewertung eines Stellenangebotes

Dies ist immer noch der Hauptweg auf dem Weg zu einem gewünschten Job. Sie haben die Ziele unter Einbeziehung Ihrer persönlichen Ist-Situation definiert und sind sich sicher, welchen beruflichen Weg Sie einschlagen wollen.

Nun leiten Sie die nächsten Schritte ein, indem Sie **Stellenangebote bewerten und auswählen**, um sich schriftlich zu bewerben.

Lesen Sie genau den Text des publizierten Angebotes (unterstreichen Sie die wichtigen Passagen) und überprüfen Sie anhand Ihrer persönlichen Ist-Analyse und Zieldefinition, inwieweit Sie mit der angebotenen Position übereinstimmen. Finden Sie vier bis sechs Merkmale heraus, auf die es dem Suchenden besonders ankommt.

Die gleiche Vorgehensweise gilt für die Direktansprache oder über den Kontakt zu Personalberatern und -vermittlern. Bedenken Sie, die Angebote geben immer die optimale Vorstellung der Arbeitgeber (100 Prozent passende Kandidaten/innen) wieder.

Wunsch und Wirklichkeit lassen sich jedoch häufig nicht in Einklang bringen – das wissen auch die Arbeitgeber. Daher haben Sie als Bewerber auch eine Chance, wenn Sie 80 Prozent der aufgezeigten Kriterien erfüllen und damit aus Sicht des Job-Entscheiders eine Wollmilchsau sind, die vielleicht keine Eier legen kann.

Allerdings sind Schlüsselqualifikationen zu erfüllen, z.B. verlangte Sprachkenntnisse (bei einer internationalen Aufgabe), Reisebereitschaft (im Vertrieb), Führungserfahrung (in einer bedeutenden Leitungsfunktion). Kompromissbereit ist man je nach Funktion eher beim Alter, bei der Ausbildung (umfangreiche Praxiserfahrung kann ein gefordertes Studium ausgleichen), bei geforderten zwei Fremdsprachen (sehr gutes Englisch ist häufig ausreichend).

Wägen Sie also bei der Analyse eines Stellenangebotes gut ab, ob es sich lohnt, den Bewerbungsvorgang einzuleiten. Tun Sie nichts gegen Ihren Willen. Wählen Sie das für Ihre Ziele passende Stellenangebot.

Wenn der Einsatzort etwa Stuttgart ist, Sie aber in Hamburg wohnen bleiben möchten, dann dürfen Sie sich nicht um eine solche Position bewerben. Eine halbherzige Vorgehensweise merkt der potentielle Arbeitgeber spätestens beim Vorstellungsgespräch.

Wenn Sie dies alles berücksichtigen, dann reduzieren sich die für Sie relevanten Stellenangebote auf einige wenige. Zu diesen potentiellen Arbeitgebern sollten Sie dann in Kontakt treten.

# 10. Die schriftliche Bewerbung

Nehmen Sie sich genügend Zeit für die Anfertigung Ihrer Bewerbungsunterlagen und stellen Sie das **Spiegelbild Ihres bisherigen Lebens, Ihrer Ausbildungen und Praxiserfahrungen** gewissenhaft und fehlerfrei zusammen.

Bewerbungsunterlagen sind Ihre persönliche Visitenkarte. Eine Bewerbung ist der erste Job, den Sie für das neue Unternehmen machen.

Rundschreiben ähnelnde Unterlagen werden von den Personalabteilungen erkannt, aussortiert und zurückgeschickt. Ihre Bewerbungsunterlagen müssen so gut sein, dass beim Leser der Wunsch entsteht, Sie näher kennenzulernen.

Grundsätzlich sollten Sie sich innerhalb von 8 Tagen nach Erhalt des Stellenangebotes bewerben. Spätere Bewerbungen (durch berufliche Abwesenheit, Urlaub etc.) sind akzeptabel zu begründen.

Mit der schriftlichen Bewerbung wollen Sie lediglich erreichen, dass Sie zu einem Vorstellungsgespräch eingeladen werden.

Wie gross hier die Chancen sein können, sehen Sie in **Abbildung 6.**

Nach Untersuchungen der Unternehmensberatung Kienbaum gehen auf eine Annonce im Schnitt 160 Bewerbungen ein.

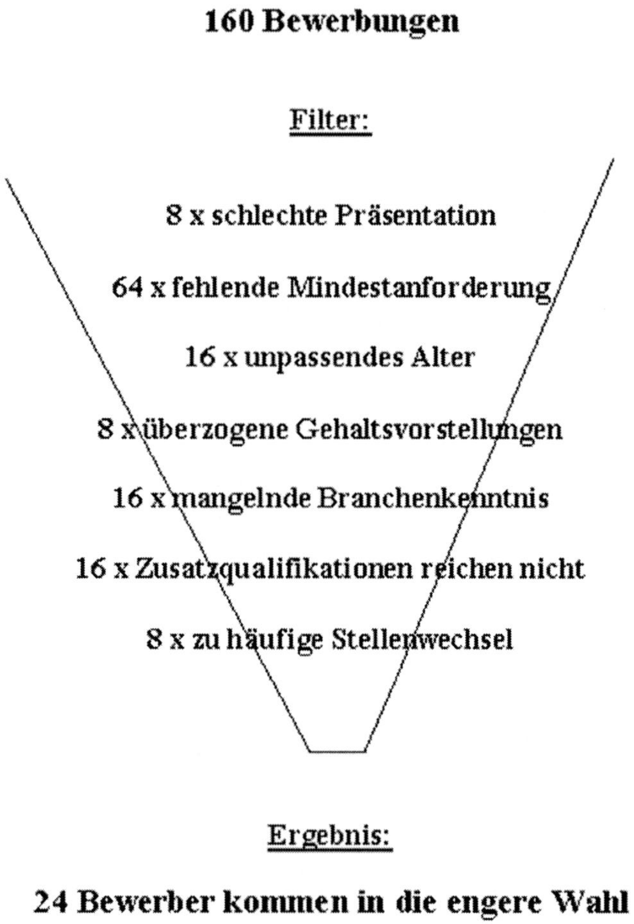

**160 Bewerbungen**

Filter:

8 x schlechte Präsentation

64 x fehlende Mindestanforderung

16 x unpassendes Alter

8 x überzogene Gehaltsvorstellungen

16 x mangelnde Branchenkenntnis

16 x Zusatzqualifikationen reichen nicht

8 x zu häufige Stellenwechsel

Ergebnis:

**24 Bewerber kommen in die engere Wahl**

Abb. 6: Bewerberauswahl

## A. Die Form und Gestaltung Ihrer Bewerbung

Bei der Form und Gestaltung Ihrer Unterlagen machen Sie am wenigsten Fehler, wenn Sie sich konservativ verhalten, d.h. die allgemein übliche Vorgehensweise wählen: weißes Papier, Verwendung eines PC mit sehr gutem Drucker, in Flattersatz (kein Blocksatz) und lesbarer Schriftgröße geschrieben.

Achten Sie auf die Vollständigkeit und die richtige Einsortierung Ihrer Unterlagen: Anschrei-ben (getrennt von der Bewerbungsmappe), Lebenslauf mit Foto (evtl. auch separat), Qualifi-kationsprofil, Zeugnisse, Weiterbildungsdokumente, Veröffentlichungen, evtl. Referenzen.

Neben hochwertigen Plastikmappen empfehlen sich besonders im Bürofachhandel erhältliche kartonierte Mappen. Darin können Sie sehr ansehnlich (erster Eindruck !) alle Unterlagen unterbringen. Verwenden Sie keine Klarsichthüllen für die einzelnen Seiten und verschicken Sie Ihre Bewerbung ungeknickt in einem rükkenverstärkten weißen B4-Umschlag und zwar richtig adressiert und ausreichend frankiert (Sondermarken fallen zusätzlich auf).

Wenn Sie sehr viele Dokumente wie Zeugnisse, Lehrgangsbescheinigungen etc. haben, emp-fiehlt sich, ein Inhaltsverzeichnis über alle beigefügten Unterlagen voranzustellen, z. B. (1) Lebenslauf, (2) Qualifikationsprofil, (3) Zeugnisse (letztes Zeugnis zuerst), (4) Weiterbildung/Lehrgänge (letzte zuerst), (5) Veröffentlichungen (letzte zuerst).

Haben Sie neben den Zeugnissen (Ausbildungs- und Arbeitszeugnisse müssen vollständig sein) außergewöhnlich viele Dokumente, so beschränken Sie sich nur auf die aktuellsten und wichtigsten. Bei Hochschulabsolventen und Berufsanfängern gilt diese Beschränkung natürlich nicht. Praktika, Lehrgänge etc. belegen Fähigkeiten und Fertigkeiten, die für die angestrebte Position wichtig sein können.

Unterschätzen Sie nicht die Bedeutung eines Fotos.

Zur Papierform vermittelt ein gutes, sympathisches Foto einen zusätzlichen positiven Eindruck. Ein Portraitfoto (Größe ca. 6 mal 4,5 cm) von einem professionellen Fotografen ist eine lohnende Investition. Ein Schwarz-Weiß-Foto wirkt meist seriöser als ein farbiges.

Kleiden Sie sich für den Fototermin so wie Sie sich vorstellen werden, also möglichst authentisch. Authentisch meint hier, dass Sie sich einerseits selbst nicht verbiegen sollen, andererseits eine der angestrebten Position und dem potentiellen Gesprächspartner im Vorstellungsgespräch angemessene Kleidung auswählen.

Das Foto ist auf der Rückseite mit Namen und Anschrift zu versehen. Es kann entweder mittig auf einer eigenen DIN A4-Seite vor dem Lebenslauf, in die rechte obere Ecke des tabellarischen Lebenslaufes geklebt bzw. in den dafür vorgesehenen Platz einer Bewerbungsmappe gesteckt werden.

### B. Das Anschreiben

Das Anschreiben ist sozusagen der Eintritt für die weitere Beachtung Ihrer Bewerbung. Dementsprechend sollte der Text nur ½ DIN A4-Seite bis max. 1 DIN A4-Seite lang sein.

Wichtig dabei ist, dass Sie beim Leser Interesse an Ihrer Person wecken. Deshalb ist es sinnvoll, z. B. auf ein ausgeschriebenes Stellenangebot einzugehen und darzulegen, dass man die wesentlichen Kriterien erfüllt und Sie für die Position geeignet sind.

Machen Sie auf jeden Fall deutlich, dass Sie dem Unternehmen den grössten Nutzen bringen. Wiedergegebene Lebensläufe, Rechenschaftsberichte etc. langweilen dagegen den Leser. Ihr Anschreiben sollte folgende Fragen beantworten:

- Warum bewerben Sie sich auf diese Position und warum bei diesem Unternehmen?
- Können Sie die aufgezeigten Anforderungen in fachlicher und persönlicher Art erfüllen?
- Welche berufliche Zielsetzung haben Sie?
- Und vor allen Dingen: **Welchen Nutzen bringen Sie dem Unternehmen?**

Die letzte Frage ist übrigens dann kein Problem für Sie, wenn Sie wirklich in diesem Unternehmen arbeiten wollen. Denken Sie dran: Sie haben immer die Wahl.

Sollten Sie aufgefordert werden, Ihre Gehaltsvorstellung zu nennen, so können Sie z.B. folgende Formulierung wählen: „In einem persönlichen Gespräch, bei dem ich mehr zur Position und den Rahmenbedingungen erfahre, möchte ich Ihnen meinen fairen Gehaltswunsch nennen". Sie können aber auch Ihr derzeitiges Gehalt als Verhandlungsbasis angeben.

Hier noch einige grundsätzliche und formale Tipps zum Anschreiben:

- Titel/Diplomgrad sowie Vorname, Name und Anschrift links oben
- Telefon, Fax und Email-Nummer sowie Datum rechts oben
- Anschrift des Unternehmens, möglichst mit Ansprechpartner nach 4 bis 5 Leerzeilen
- Betreff nach weiteren 4 Leerzeilen mit Bezug auf die Stellenausschreibung mit Quelle und Datum in Fettdruck (aber nicht die Wörter „Betreff und Bezug" benutzen)
- Anrede mit Namen und Titel des Ansprechpartners (möglichst nicht die unpersönliche Form wählen: „Sehr geehrte Damen und Herren, ...")
- Schluss am besten „Mit freundlichen Grüßen" und Unterschrift mit Vor- und Nachnamen

## C. Der Lebenslauf

Der Lebenslauf ist die wesentliche Unterlage Ihrer Bewerbung. Die übliche Form ist der tabellarische Lebenslauf (PC-gedruckt), der je nach Vielzahl der Ausbildungs- und Berufsstationen nicht mehr als 2 Seiten – besser nur 1 Seite – lang sein sollte.

Links oben steht Ihr Titel/Diplomgrad, Vorname, Name und Anschrift, rechts oben Telefon/Fax/Email, sofern Ihr Foto auf einer eigenen Seite Platz findet.
Unter der Überschrift „Lebenslauf" beinhaltet er folgende lückenlose Auflistung in vorwärts chronologischer Ordnung.

- Persönliche Daten:
- Titel / Diplomgrad, Name ( Anschrift, Telefon, Fax, Email, wenn Foto, rechts oben)
- Geburtsdatum, -ort
- Religion
- Staatsangehörigkeit
- Schulausbildung: Grundschule (Angabe in Jahreszahlen) - Gymnasium (mit Abschluss)
- Wehr- oder Zivildienst: Dienstgrad, Ort (Angabe mit Monat und Jahr)
- Tätigkeit, Institution, Ort, Berufsausbildung / Lehre:
- Unternehmen, Ort, Art der Lehre, Abschluss (Angabe mit Monat und Jahr)
- Studium: Hochschule, Schwerpunktfächer, Abschlussarbeit, Abschluss- (Angabe mit Monat und Jahr) bezeichnung (Diplomgrad), Note, sofern 2 und besser)
- Praktika: Unternehmen, Ort, Art der Tätigkeit (Angabe mit Monat und Jahr)
- Beruflicher Werdegang: Position (Tätigkeit), Abteilung, Bereich (Angabe mit Monat und Jahr) Unternehmen, Ort
- Berufliche Weiterbildung: Art, Institution, Abschluss (Angabe mit Monat und Jahr)
- Besondere Kenntnisse: Sprachen, Kenntnisse, sonstige Qualifikationen mit Bewertung (sehr gut, gut, einsetzbar, Schulkenntnisse)
- Führerschein: Angabe der Klassen
- Hobbys: Günstig mit Bezug zur Position, möglichst keine Extremsportart nennen, zuviel Freizeitorientierung abwägen
- Ort, Datum, Unterschrift:

Am Ende des Lebenslaufes wird hier Aktualität und Richtigkeit dokumentiert

Europaweit wird der einheitliche **Lebenslauf** forciert. Es wird aber noch dauern, bis er sich durchsetzen wird. Dennoch vorab das Muster-Exemplar, damit Sie auf dem neuesten Stand sind.

| | |
|---|---|
| **PERSÖNLICHE FÄHIGKEITEN UND KOMPETENZEN**<br>*Im Laufe des Lebens/Berufslebens erworben, jedoch nicht unbedingt Gegenstand von formalen Zeugnissen und Diplomen.* | |
| MUTTERSPRACHE | [ Muttersprache angeben ] |
| SONSTIGE SPRACHEN | |
| | [ Sprache angeben ] |
| • Lesen | [ Kenntnisstand angeben: ausgezeichnet, gut, Grundkenntnisse ] |
| • Schreiben | [ Kenntnisstand angeben: ausgezeichnet, gut, Grundkenntnisse ] |
| • Sprechen | [ Kenntnisstand angeben: ausgezeichnet, gut, Grundkenntnisse ] |
| SOZIALE FÄHIGKEITEN UND KOMPETENZEN<br>*Leben und arbeiten mit anderen Menschen, in einem multikulturellen Umfeld, in Funktionen, für die Kommunikation wichtig ist, und in Situationen, in denen Teamwork wesentlich ist (z. B. Kultur und Sport) usw.* | [ Diese Kompetenzen beschreiben und angeben, wo sie erworben wurden. ] |
| ORGANISATORISCHE FÄHIGKEITEN UND KOMPETENZEN<br>*Beispielsweise Koordinierung und Verwaltung von Personal, Projekten, Haushaltsmitteln bei der Arbeit, einer gemeinnützigen Tätigkeit (z. B. Kultur und Sport) und zu Hause usw.* | [ Diese Kompetenzen beschreiben und angeben, wo sie erworben wurden. ] |
| TECHNISCHE FÄHIGKEITEN UND KOMPETENZEN<br>*Im Bereich Computer, spezielle Arten von Geräten und Maschinen usw.* | [ Diese Kompetenzen beschreiben und angeben, wo sie erworben wurden. ] |
| KÜNSTLERISCHE FÄHIGKEITEN UND KOMPETENZEN<br>*Musik, Schriftstellerei, Design usw.* | [ Diese Kompetenzen beschreiben und angeben, wo sie erworben wurden. ] |
| SONSTIGE FÄHIGKEITEN UND KOMPETENZEN<br>*Kompetenzen, die bisher nicht genannt wurden.* | [ Diese Kompetenzen beschreiben und angeben, wo sie erworben wurden. ] |
| FÜHRERSCHEIN(E) | |
| ZUSÄTZLICHE ANGABEN | [ Hier weitere Angaben machen, die relevant sein können, z. B. zu Kontaktpersonen, Referenzen usw. ] |
| ANLAGEN | [ Gegebenenfalls Anlagen auflisten. ] |

**Abb. 7: Europäischer Muster-Lebenslauf**

## D. Qualifikationsprofil

Um die Bewerbungsunterlagen für den potentiellen Anbieter besonders interessant und leseleicht zu gestalten, empfiehlt sich zusätzlich das Anfertigen eines sogenannten **Qualifikationsprofils**. Auf 1 bis max. 2 Seiten können Sie Erfahrungen, Verantwortlichkeiten und sonstige Angaben, welche für die angestrebte Position wichtig sind, zusammenfassen. Dies hat folgende Vorteile:

- Das Anschreiben und der Lebenslauf werden textlich entlastet.
- Sie können Erfahrungen darstellen, worüber etwa keine Zeugnisse existieren bzw. welche in Zeugnissen nicht ausreichend beschrieben sind (z.B. fehlt i. d. R. das letzte Zeugnis des derzeitigen Arbeitgebers).
- Es können Verantwortlichkeiten wie für Personal, Umsatz, Budget, Kunden, Projekte beschrieben werden, die häufig in Zeugnissen nicht genannt werden, aber wesentliche Kriterien bei der Bewertung sind.
- Sie können besondere berufliche Wechsel begründen, z.B. Firmensituationen, Unternehmenszusammenschlüsse, Reorganisationen etc. Dies ist besonders wichtig bei häufiger Veränderung.
- Dozenten, Lehr- und Autorentätigkeiten etc. können inhaltlich benannt werden.
- Sie können besondere Kenntnisse und persönliche Fähigkeiten ausführlicher darstellen, bedeutende Weiterbildungsmaßnahmen, Lehrgänge und Seminare aufzeigen.
- Lücken im Lebenslauf, wie krankheitsbedingte und andere Ausfallzeiten, lange Studiendauer etc., können plausibel dargelegt werden.

Sie gestalten ähnlich wie beim Lebenslauf das Qualifikationsprofil in tabellarischer Form. Links oben steht wiederum Ihr Name, Titel / Diplom, rechts oben Anschrift und Telefon, Fax, Email. Entweder gliedert man danach die Seite, indem man in der linken Spalte die berufliche Qualifikation / Position oder Station (Firma, Universität) aufführt und rechts die Tätigkeiten, Ergebnisse, Erfolge, Verantwortung schildert.

Beschreiben Sie nur das Wesentliche, ausgerichtet auf die jeweilige Bewerbung, banale, alltägliche Erfahrungen gehören hier nicht hinein. Auch firmeninterne, vertrauliche Fakten und Informationen dürfen nicht genannt werden (Geheimhaltungsverpflichtung in Arbeitsverträgen beachten!)

**F. Zeugnisse**

Es gibt eine Reihe unterschiedlicher Zeugnisarten, die – sofern sie qualifiziert sind – auf jeden Fall zu den Bewerbungsunterlagen gehören:

- Schulabschlusszeugnis
- Hochschulzeugnis
- Lehrzeugnis
- Praktikumszeugnis
- Arbeitszeugnis
- Zeugnisse über Weiterbildung, Lehrgänge und Sprachen.

Normalerweise wird nur das Abschlusszeugnis beigefügt, Ausnahmen sind etwa Zwischenzeugnisse wie Vordiplom oder - soweit vorhanden, die Beurteilung vom derzeitigen Arbeitgeber.

Zeugnisse werden immer nur in Form guter Kopien beigefügt, als Sortierung empfiehlt sich das letzte Zeugnis zuerst.

**Wichtiger Hinweis**: Lassen Sie sich bei jedem Vorgesetztenwechsel oder gravierender organisatorischer Änderung ein aussagefähiges Zwischenzeugnis ausstellen. Sie wissen nie, ob der neue Vorgesetzte Ihre Leistung genauso positiv beurteilt wie der bisherige.

### G. Sonstige Unterlagen

Sonstige Unterlagen können Tätigkeitsbeschreibungen, Befähigungsnachweise, Veröffentlichungen, Urkunden etc. sein, die – sofern sie für die Position wichtig sind – in kopierter Form ebenfalls den Bewerbungsunterlagen beigefügt werden.

### H. Referenzen

Nur wenn Sie möchten, können Sie ehemalige Vorgesetzte oder sonstige beurteilungsfähige Personen als Referenz mit Adresse, Firma / Institution und Telefonnummer angeben.

Sie müssen sich nur sicher sein, dass der / die Angegebene Sie auch wirklich positiv beurteilt, sonst erreichen Sie damit genau das Gegenteil.

Referenzen spielen in Deutschland nicht eine solche Rolle wie in anderen Ländern, z.B. USA, England. Allerdings kann der potentielle Arbeitgeber in der Endphase, d.h. vor der Einstellung Referenzen zur Sicherheit einholen wollen.

## 11. Die Initiativbewerbung

Bei der **Initiativbewerbung** interessiere ich mich für ein bestimmtes Unternehmen, ohne dass ich weiss, ob ein konkreter Arbeitsplatz besetzt werden soll. Das Arbeitsumfeld ist für mich unter Umständen sehr interessant oder mit dem Unternehmen verbinde ich etwas ganz Bestimmtes (zum Beispiel ein zu mir passendes „Firmen-Image").

Die Bewerbung ist sehr ähnlich zu einer schriftlichen Bewerbung. Allerdings werde ich mich hier **intensiv informieren** und dann dem Unternehmen deutlich machen, welchen **Nutzen** ich dem Unternehmen bringen kann.

Hier ist es auch häufig so, dass die Unterlagen zunächst beim Unternehmen verbleiben und erst bei Bedarf genutzt werden. Also sollten Sie hier **Geduld** mitbringen.

## 12. Die Online-Bewerbung

Im Zeitalter des Internet nehmen elektronisch versandte Bewerbungen immer mehr zu. Hierbei gelten folgende Regeln: Bewerben Sie sich nur elektronisch, wenn man Sie dazu auffordert. Bewegen Sie sich dann in dem vom potentiellen Arbeitgeber vorgegebenen Rahmen.

Sind keine Vorgaben festgelegt, beschränken Sie sich auf das Wesentliche: Anschreiben, tabellarischer Lebenslauf, Qualifikationsprofil, ggf. das letzte aussagefähige Zeugnis.

Verschicken Sie **niemals ohne Aufforderung komplette Bewerbungsunterlagen** elektronisch. Sie blokkieren damit den Email-Anschluss des Adressaten, welches zur Verärgerung führt. Bei Interesse müssen Sie in einem nächsten Schritt, ggf. auch parallel, Ihre vollständigen Unterlagen der Personalabteilung per Post zuschicken.

## 13. Zwischen Bewerbung und Vorstellung

Die Zeit zwischen Übersendung der Bewerbungsunterlagen bis zu einer Einladung zum Vorstellungsgespräch kann 3, aber auch länger als 5 Wochen betragen, je nach Anzahl vorliegender Bewerbungen oder wegen besonderer Umstände wie Urlaub, Krankheit, geschäftlicher Termine.

Bedenken Sie, Sie sind nicht der einzige Bewerber und innerhalb des Unternehmens ist es häufig schwierig, die teilnehmende Fachabteilung und die Personalabteilung terminlich auf einen Nenner zu bringen.

Normalerweise bestätigen die Personalabteilungen den Eingang der Unterlagen innerhalb von 14 Tagen, in Zeiten knapper Ressourcen warten Sie häufig auch länger oder erhalten keine Nachricht. Daher ist es durchaus legitim – sofern Sie noch keine Nachricht erhalten haben – nach ca. 3 Wochen bei Unternehmen anzurufen und nachzufragen, ob die Unterlagen eingetroffen sind oder ob noch weitere Informationen gewünscht werden.

In diesem Zusammenhang fragen Sie, wann Sie ggf. mit einem Gespräch rechnen können.

Vermeiden Sie auf jeden Fall häufiges Nachfragen, dies wirkt lästig und erweckt 3den Eindruck, als hätten Sie diese Stelle unbedingt nötig. Registrieren Sie den Versandtermin Ihrer Bewerbungsunterlagen und notieren

Sie Eingangsbestätigungen, Terminvereinbarungen etc., so dass Sie immer den richtigen Überblick über Ihr Bewerbungsprocedere haben.

## 14. Die Vorbereitung auf einen vereinbarten Vorstellungstermin

Die **Ziele eines Vorstellungsgespräches** aus Sicht eines Job-Entscheiders sind:

- Kennenlernen der Persönlichkeitsstruktur des Bewerbers
- Beurteilung der Fachkenntnisse
- Überprüfen der angegebenen Bewerbungsdaten
- Feststellen der Integrationsmöglichkeit im Unternehmen (im Bereich, im Kreis zukünftiger Kollegen)
- Schnelle Einsetzbarkeit und mittelfristige erfolgreiche Zusammenarbeit
- Das ehrliche Interesse am Unternehmen.

Auf daraus abgeleitete Fragen haben Sie sich einzustellen und gewissenhaft vorzubereiten. Dazu gehört auch die immer wieder gestellte Frage nach Ihren persönlichen Stärken und Schwächen. Jedenfalls benötigen Sie aktuelle Daten und Informationen über das Unternehmen, bei dem Sie sich vorstellen.

Das sind:

- Unternehmensform, bedeutende Tochterfirmen, Standorte
- Unternehmensgröße (Umsatz, Gewinn, Mitarbeiter)

- Marktposition, Aktienkurs und Wettbewerber
- Produktprogramme (nach Bedeutung) und Absatzkanäle (Direktvertrieb, Handel)
- Geschäftsführung, Vorstand, Aufsichtsrat (Namen der Vorsitzenden)
- Firmenhistorie• Unternehmensphilosophie und Führungsstil
- Weiterbildung und Aufstiegschancen
- Aktuelle Firmennachrichten

Als Informationsquelle für diese Angaben nutzen Sie das **Internet** als einfaches, umfangreiches und aktuelles Medium, sowie Firmenbroschüren (Geschäftsberichte, Imagebroschüren, Produktprospekte), erhältlich von der PR-Abteilung des Unternehmens bzw. über die Telefonzentrale erfragbar.

Ferner eignen sich diverse Firmendatenbanken (z. B. Hoppenstedt) im Internet und auf CD-ROM, Presseartikel und Zeitungsberichte (Handelsblatt, Wirtschaftswoche, Frankfurter Allgemeine Zeitung etc.). Notieren Sie sich solche Daten und nehmen Sie sie zum Vorstellungsgespräch mit. Dies hat den Vorteil, dass in einer Stress-Situation – wie es ein Vorstellungsgespräch mit unter Umständen drei Fragestellern darstellt – man immer als Halt auf seine Notizen zurückgreifen kann. Das Mitbringen vorbereiteter Notizen, eines Blocks zum Notieren, auch eines Sets zusätzlicher Bewerbungsunterlagen, sowie interessanter Belege (Diplomarbeit, eigener Arbeitsproben, jedoch keine vertraulichen Interna), eines Internet-Ausdrucks von Firmendaten, Firmenbroschüren, sind erlaubt und sprechen für Ihre gute Vorbereitung.

Wenn Sie sich bei einem international operierenden Unternehmen vorstellen, müssen Sie damit rechnen, dass Ihr Englisch im Laufe des Gesprächs getestet wird. Mindestens Ihren Lebenslauf sollten Sie in englischer Sprache sehr gut schildern können.

*„Probleme werden zu Chancen,
wenn die richtigen Leute zusammenkommen."*

(Robert Redford)

# 15. Das Vorstellungsgespräch

### A. Allgemeines zum Vorstellungsgespräch

Neben der inhaltlichen Vorbereitung auf ein Vorstellungsgespräch gehören auch Ihr Äußeres und die richtige Auswahl der Kleidung dazu. Generell gilt: Erscheinen Sie von Kopf bis Fuß gepflegt (gute Frisur, kein Körpergeruch, keinen übermäßigen Parfümdunst und Make-up) und kleiden Sie sich eher zurückhaltend/konservativ (gedeckte, in sich stimmige, saubere Kleidung, keine schrillen Farben, keine weißen Socken, geputzte Schuhe).

Auch wenn Sie sich bei der schillerndsten Werbeagentur vorstellen, kann der Personalchef bzw. Ihr Gegenüber erzkonservativ in der Einstellung und Kleidung sein.

Vermeiden Sie unbedingt unbequeme und zu auffällige Kleidung, z.B. Super-Mini-Röcke, tiefe Ausschnitte, zu enge Hemdskragen, nichtschließende Jackets.

Sie wären in einem solche Falle auch zu sehr mit sich selbst beschäftigt, weil Sie sich aufgrund der verstärkten Beachtung durch Ihr Gegenüber unwohl in Ihrer Haut fühlen. Dabei müssen Sie sich zu 100 Prozent auf den Gesprächsverlauf und den Inhalt des Gespräches konzentrieren können.

Für Ihre Anreise gilt absolute Pünktlichkeit. Denken Sie daran, dass Ihr Vorstellungstermin zeitlich in andere Firmentermine eingeplant ist. Daher bauen Sie in Ihre

Anreise Sicherheitsreserven ein, so dass Wetter, Unfälle, Staus, Zugverspätungen etc. Sie nicht von Ihrer Pünktlichkeit abhalten können. Hierzu gehört auch eine genau vorbereitete Wegskizze.

Melden Sie sich etwa 10 Minuten vor dem Termin am Empfang an (wesentlich frühere Ankunft nutzen Sie zu Spaziergängen / Caféaufenthalten).

Richtiges Outfit und pünktliches Erscheinen befreien Sie von unnötigem zusätzlichen Stress und schaffen Pluspunkte bei Ihrer persönlichen Vorstellung.

Erscheinen Sie keinesfalls ohne Unterlagen, d.h. Notizblock mit notierten Daten und für Aufzeichnungen bzw. Notizen, ein Set Bewerbungsunterlagen, einem „roten Gesprächsleitfaden", Terminkalender etc. alles möglichst platziert in einer ansehnlichen Kollegmappe. Wer ohne solche Unterlagen zu einem Vorstellungstermin kommt, drückt damit für viele Gesprächspartner Desinteresse, schlechte Vorbereitung, Überheblichkeit aus. Ein Vorstellungsgespräch ist kein Caféhausgespräch oder Besuch eines guten Freundes und der viel zitierte Satz „Schau'n wir mal" darf keinesfalls vermittelt werden.

## B. Der Gesprächsverlauf

Stellen Sie sich darauf ein, dass Sie ca. 60 Minuten Zeit für ein qualifiziertes Gespräch haben.

Die Reihenfolge der einzelnen Schritte des Gesprächs ist nicht zwingend vorgeschrieben. Es kann sein, dass das Unternehmen und die Position zuerst vorgestellt werden, dass dann Sie selbst sich präsentieren und man direkt zur Vertiefungsphase mit der Erfragung von Verhaltensweisen und Fallbeispielen übergeht. Die Zeitaufteilung sieht erfahrungsgemäß häufig in etwa so aus:

Begrüßung und Gesprächseröffnung (ca. 4 Minuten)

Typische Fragestellungen:

- Hatten Sie eine gute Anreise?
- Waren Sie schon einmal in dieser Stadt?
- Wie finden Sie unser neues Bürogebäude?
- Sie haben sich den wärmsten Tag des Jahres ausgesucht!

**Achtung**: Beklagen Sie sich nicht über frühes Aufstehen, lange Anreise, Staus etc. Angebotene Getränke können Sie annehmen, aber keinen Alkohol und keine Zigaretten.

Merken Sie sich die Namen Ihrer Gesprächspartner für die namentliche Anrede. Denken Sie an den bedeutsamen ersten Eindruck.

**Vorstellung des Bewerbers (ca. 10 Minuten)**

Schildern Sie in Kürze Ihren Lebenslauf, wobei die eingereichten Unterlagen identisch mit Ihren Ausführungen sein müssen. Gehen Sie unbedingt ausführlicher auf Passagen Ihres Werdegangs ein, die für die zukünftige Position interessant sein könnten.

Ziehen Sie Beispiele aus Ihrem Qualifikationsprofil hinzu. Halten Sie sich nicht auf mit für die Position unbedeutenden Fakten und Details sowie Äußerungen, die für Sie negativ ausgelegt werden können (z.B. „Wir sind mit dem Projekt trotz größter Bemühungen nicht fertig geworden.").

Beantworten Sie auch für Sie negative Stationen ehrlich und mit einer positiven Ausrichtung (z.B. lange Studiendauer mit der Begründung der Studienfinanzierung und umfangreicher Praxiserfahrung). Die Begründungen, die Sie in Ihrer persönlichen Präsentation plausibel liefern, verhindern in weiterem Verlauf des Gesprächs unangenehme Nachfragen.

**Vertiefungsphase (ca. 15 Minuten)**

Auf der Basis der mündlich und schriftlich abgegebenen Informationen werden nun Einzelheiten zu Ausbildung, Studium, Beruf und Persönlichkeit hinterfragt.

Auch die Motive für die Bewerbung, Auswahl des Unternehmens und der Position sind ebenso von Interesse wie kritische Stationen des Lebenslaufes (häufiger Arbeitgeberwechsel, lange Studienzeiten).

Sie können auch aufgefordert werden, Beispiele von Projekten oder Arbeitsabläufen zu nennen. Ferner könnte auch getestet werden, wie gut Ihre Sprachkenntnisse, Ihr DV- oder Fachwissen sind. Alle Frageformen können zum Einsatz kommen - geschlossene, offene, alternative, projektive und situative Fragen.
Vorstellung des Unternehmens und der vakanten Position (ca. 10 Minuten)

In der Regel stellt der Personalleiter das Unternehmen realitätsbezogen vor, wobei es dem Niveau des Gesprächs und dem Bewerber zugute kommt, wenn fundiertes Wissen über das

Unternehmen bewerberseitig vorhanden ist.

Eine gern gestellte Frage lautet: Was wissen Sie über unser Unternehmen?

Nimmt der Fachvorgesetzte am Gespräch teil, erklärt dieser anschließend die fachlichen und menschlichen Anforderungen, die Schwierigkeiten und Perspektiven der Position.

Vielfach wird ein Negativ-Szenario dargestellt, um das wahre Interesse und die Belastungsfähigkeit des Bewerbers zu testen.

Prüfen von Verhaltensweisen und Fallbeispielen (ca. 10 Minuten)

In dieser Phase des Gesprächs werden Verhaltensweisen, persönliche Einstellungen und die Bewältigungen bestimmter Aufgaben, Situationen geprüft.

Meist werden hierzu Beispiele aus der täglichen Praxis bzw. aus dem zukünftigen Aufgabengebiet herangezogen oder konstruiert. Auch hinterfragt man gerne detailliert das bisherige Erfahrungspotenzial des Bewerbers aus Ausbildung, Studium und Beruf anhand von Beispielen.

Typische Fragestellungen / Aufforderungen sind:

- Wie würden Sie sich verhalten?
- Wie würden Sie sich entscheiden?
- Zeigen Sie uns Kriterien auf!
- Können Sie uns Beispiele nennen?
- Präsentieren Sie uns kurz Ihre Lösung des Problems!

**Fragen des Bewerbers (ca. 5 Minuten)**

Zur guten Abrundung des Vorstellungsgesprächs gehören unbedingt Fragen des Bewerbers. Diese sollten vorbereitet in Form eines Fragenkatalogs zu Papier gebracht werden und dienen somit als Gedankenstütze. Denken Sie daran, dass Ihnen in einer Stresssituation ad hoc mei-stens nichts einfällt ! Wenn keine Fragen zum Schluss kommen, erfährt ein vermeintlich gutes Gespräch einen für beide Seiten unbefriedigenden Abschluss. Natürlich sollten Sie keine Wiederholungsfragen stellen, die im Laufe des Gesprächs schon beantwortet wurden (streichen Sie diese aus Ihrem Fragenkatalog).

Themenbereiche könnten sein:

- Markt und Wettbewerb
- Fragen zu vorliegenden Geschäftsunterlagen
- Firmeninterne Weiterbildungsmöglichkeiten
- Zukunftsstrategien des Unternehmens
- Vorliegen einer Stellenbeschreibung
- Grund für die Stellenausschreibung
- Unternehmenshaltung, Leitlinien
- Kennenlernen der Kollegen, des Arbeitsplatzes, des Arbeitsumfeldes
- Fragen nach Personalentwicklungsprogrammen, Beurteilungssystemen

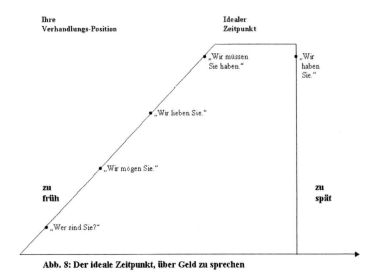

Abb. 8: Der ideale Zeitpunkt, über Geld zu sprechen

Fragen nach Urlaub, Reisekostenersatz, Arbeitszeit, Überstundenbezahlung, etc. sollten Sie lieber in dieser Phase nicht stellen. Entweder sind diese gesetzlich oder unternehmensintern geregelt; Sie können daran ohnehin nichts ändern. Dieser Themenkomplex wird normalerweise anschließend vom Personalleiter detailliert angesprochen.

**Gesprächsabschluss (ca. 5 Minuten)**

Das Gesprächsende ist meistens geprägt durch die Erläuterung der sozialen Leistungen, des Arbeitsvertrages, des Gehaltsrahmens, des Eintrittstermins. Wissen Sie, wann der ideale Zeitpunkt für Gehaltsgespräche ist?

Vermeiden Sie es, über Geld zu reden, bevor nicht das Gespräch an dem Punkt ist, an dem Sie das untrügliche

Gefühl haben bzw. Ihnen definitiv gesagt wurde, dass Sie **gewollt** sind.

*„Geld löst niemals Ideen aus,
sondern die Idee löst das Geld aus."*

(W. J. Cameron)

Außerdem wird zum Schluß die weitere Vorgehensweise besprochen (zweiter Gesprächstermin, Entscheidungszeitraum, zusätzliche Unterlagen, Anfertigen eines Konzeptionspapiers). Bei der Verabschiedung bedanken Sie sich höflich für das angenehme, informationsreiche Gespräch und bekunden Ihr Interesse an der Position.

**Was noch zu beachten ist**

Legen Sie wert auf ein Gleichgewicht der Gesprächsführung, d. h., dass Sie in etwa genau so viel zu Wort kommen, wie Ihr Gegenüber. Hören Sie interessiert und aktiv zu, fallen Sie Ihrem Gesprächspartner nicht ins Wort und unterbrechen nicht unhöflich dessen Ausführungen.

Bevor Sie antworten, überlegen Sie genau, was Sie sagen. Benutzen Sie keine Phrasen wie „kein Problem", „ist normal", „ich bin Generalist", „es war schon immer so".

Sie müssen sich ehrlich und damit glaubwürdig präsentieren, Ihre Angaben müssen einer Nachprüfung standhalten. Merken Sie sich das Wort „Einklang". In Einklang müssen a) Ihre Persönlichkeit, Fähigkeiten, Interessen und Ziele, mit b) den Anforderungen der Position und mit c) den Strategien und der Kultur des Unternehmens gebracht werden.

**Wie behandelt man bestimmte Fragen ?**

**Karriere**

Denken Sie daran, es geht immer um eine bestimmte vakante Position und nicht um eine zukünftige. Diese Position gilt es für die nächste Zeit optimal auszufüllen (alles weitere bestimmt der Arbeitserfolg). Außerdem könnten Sie mit Ihren Karrierezielen die Position des jetzigen Fachvorgesetzten treffen, der Ihre Einstellung heute befürworten soll.

**Gehalt**

Die Frage nach der Gehaltsvorstellung ist eine Gratwanderung zwischen sich zu preiswert oder zu teuer anzubieten.

Einen diplomatischen Ausweg wählt man, in dem man nach der Bezahlung vergleichbarer Positionen im Unternehmen bei ähnlichen Qualifikation fragt, und zwar mit dem Hinweis auf eine faire und gleiche Behandlung.

**Stärken und Schwächen**

Die Frage nach den Stärken lässt sich relativ leicht beantworten. Das Benennen persönlicher Schwächen ist ungleich schwieriger, da man sich verständlicherweise selbst nicht benachteiligen will. Das weiß auch der Fragesteller.

Häufig werden daher durchaus positive Eigenschaften als Schwächen genannt wie: Ungeduld, wenn Projekte nicht vorankommen oder Ehrgeiz, geforderte Ergebnisse zu übertreffen.

Einen ähnlichen Themenkomplex spricht die Frage nach dem größten beruflichen Erfolg und Mißerfolg an. Hierbei ist die Schilderung eines Mißerfolges normalerweise nicht nachteilig, sofern Ihr eigenes Versagen nicht so sehr im Vordergrund steht.

**Eintrittstermin**

Berücksichtigen Sie unbedingt Ihre Kündigungsfristen. Im neuen Arbeitsvertrag sollte datumsmäßig kein früherer Termin festgelegt werden. Legitim ist jedoch, den arbeitsrechtlich unbedenklichen Eintrittstermin mit dem Zusatz ggf. auch früher zu versehen. Damit lassen Sie sich die Option offen, bei einer evtl. Freistellung eher anfangen zu können.

## 16. Zu guter Letzt

Wir wünschen Ihnen viel Erfolg mit Ihrer Bewerbung und hoffen, dass Sie unsere Empfehlungen zu Ihrem persönlichen Vorteil nutzen können.

*„Wenn Sie ein erfolgreiches Unternehmen sehen,*
*hat irgend jemand einst*
*eine mutige Entscheidung getroffen."*

(Peter Drucker)